MEMOIRE
en Images

FOUGERES
TOME I

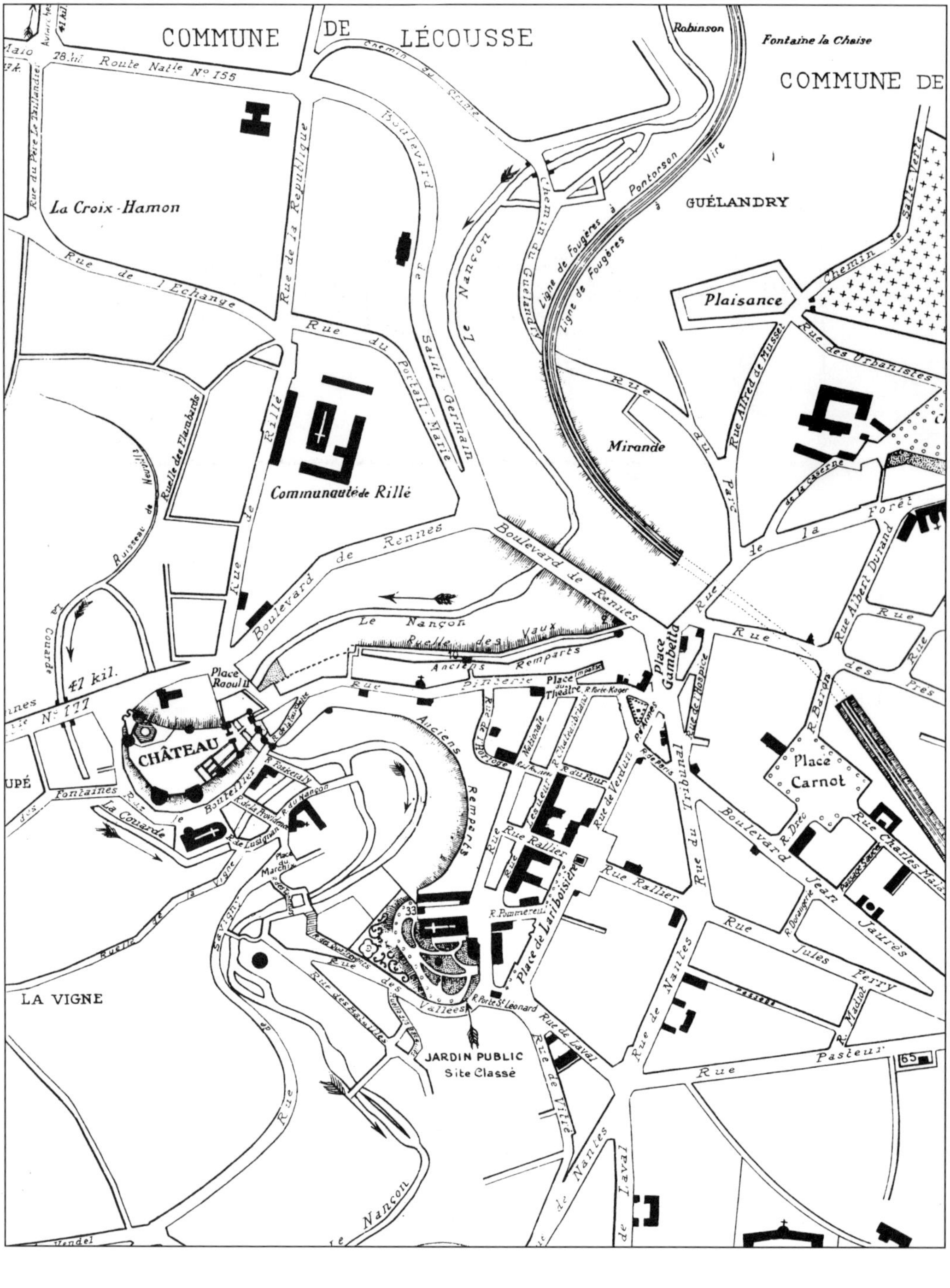
COMMUNE DE LÉCOUSSE
COMMUNE DE
Robinson
Fontaine la Chaise
Route Nale N° 155
La Croix-Hamon
Rue de la République
Boulevard de Saint Germain
Le Nançon
Chemin du Guélandry
Ligne de Fougères à Pontorson
Ligne de Fougères à Vitré
GUÉLANDRY
Plaisance
Chemin de Sainte-Verte
Rue de l'Echange
Rue du Portail-Marie
Rue des Urbanistes
Rue Alfred de Musset
Rue du Parc
Mirande
Communauté de Rillé
Rue de Rillé
Ruelle des Flarabards
Ruisseau de Neuvill
Boulevard de Rennes
Rue de la Forêt
Rue Albert Durand
Le Nançon
Ruelle des Vaux
Anciens Remparts
Rue Pinterie
Place Gambetta
Place du Théâtre
Place Raoul II
41 kil.
N° 177
CHÂTEAU
Rue des Fontaines
La Couarde
Rue le Bouteiller
Anciens Remparts
Rue Nationale
Rue de Verdun
Rue du Tribunal
Rue de l'Hospice
Place Carnot
Rue Baron
Rue des Prés
Boulevard Jean Jaurès
Rue Charles Malard
Rue Rallier
Place de Lariboisière
R. Pommereul
Rue des Vallées
R. Porte St Léonard
Rue de Laval
Rue de Vitré
Rue de Nantes
Rue Jules Ferry
Rue Pasteur
JARDIN PUBLIC
Site Classé
LA VIGNE
Ruelle de la Vigne
Rue de Savigny
le Nançon
UPÉ

MEMOIRE
en Images

FOUGERES
TOME I

Dominique Badault
&
Jean-Claude Chevrinais

ALAN
SUTTON
BATH • AUGUSTA • RENNES

Editions Alan Sutton
27, Quai de la Prévalaye
35000 Rennes

Première édition 1994

ISBN 2-910444-04-X

Dépôt légal : juin 1994.
Imprimé en Grande-Bretagne par
Alan Sutton Ltd, Bath.

Table des Matières

Bibliographie 6

Introduction 7

Remerciements 8

I. La Basse Ville 9

Le château et le quartier St-Sulpice.

II. La Haute Ville 45

Pinterie- Théâtre- Porte Roger- Place d'Armes- Gambetta- Tribunal- Rallier- La Riboisière- St-Léonard- Nationale- Chateaubriand- Lesueur.

III. En route vers la forêt 95

Gambetta- Rue de la forêt- Urbanistes- Champ de foire- Hôtel Dieu- Cotterets- Verreries-La forêt- Travail du verre- Travail du bois- Sabotiers- Landéan.

Bibliographie

Religion et cultures en Bretagne, Michel Lagrée, Ed. Fayard-Paris, 1992.
Bonabry : Histoire d'un quartier et de son église, G. Bougeard, Ed.Javené, 1993.
En Haute-Bretagne, H.F Buffet, Lib. Celtique, Paris, 1954.
Fougères et ses environs, François Depasse, Ed. Du Bastion, 1986.
L'Abbé Louis Bridel, A. Crublet, Ed. Blond et Gay, Paris, 1934.
Fougères : Visage d'autrefois, Georges Renault, Ed. Delta expansion, 1978.
Une industrie bretonne : Les verreries de Laignelet, Victor Lemoine, Imprimerie Fougeraise, 1915.
Fougères à la belle époque, Madame Audran, G. Renaud, Sodim, Bruxelles, 1977.
Fougères heures épiques- heures tragiques, Colonel Gillot, Imprimerie Bretonne-Rennes, 1961.
Une ville....Fougères...un pays, Jacques Bonnet, Ed. Siloë, Laval, 1989.
Fougères au temps de la belle époque, Henri Rebuffé, Imprimerie de la Chronique de Fougères, 1970.
Au pays fougerais, A. Dagnet (rééd.1988), Ed. Rebuffé, Fougères, 1923.
Fougères pendant la guerre et sous l'occupation, Henri Rebuffé, Imprimerie de la Chronique de Fougères, 1968.
Journal d'un homme de quarante ans, Jean Guéhenno, Ed. Grasset, Paris, 1934.
Changer la vie, Jean Guéhenno, Ed. Grasset, Paris, 1961.
La forêt de Fougères et ses souvenirs, J. Poirier, Les Nouvelles, Rennes, 1961.

Revues et hebdomadaires :

Le Pays de Fougères
La Chronique de Fougères ; *Ouest-France* ; *Ar Men* ;
L'Illustration ; *Annuaires* (Simon, Rebuffé, Saffray).

Introduction

Présenter au public un nouvel ouvrage sur Fougères, alors qu'il en existe déjà tant d'intéressants, relève, semble-t-il, de la gageure - aussi est-ce après bien des hésitations que nous avons décidé de nous lancer dans cette périlleuse aventure. Pourquoi? D'abord, parce que nous aimons cette ville attachante mais malheureusement trop mal connue, ensuite, parce que nous estimons que les documents photographiques dont nous disposons - parfois très rares - doivent être communiqués à un large public. Ainsi, dans ce livre, l'image est reine : c'est elle qui en façonne l'ordonnancement ; C'est elle qui doit, d'abord, éveiller l'attention, puis ensuite, souhaitons le, susciter l'intérêt du lecteur. c'est elle, enfin, qui fixe les limites de notre travail. Cependant, pour qu'elle puisse jouer pleinement son rôle, il importe de la situer dans son contexte. Nous nous sommes donc attachés à l'accompagner de commentaires sobres, mais précis, tirés de sources les plus diverses tant écrites qu'orales, le tout dans un souci de rigueur- même s'il subsiste ça et là quelques petites incertitudes- et d'objectivité.

Ayant, ainsi, écarté la solution de facilité qui consiste, parfois, à ne présenter que des documents bruts, sans commentaires particuliers, nous avons cherché à sortir des sentiers battus au niveau du plan. D'ordinaire, ce type d'ouvrage s'appuie sur un classement thématique des sujets présentés. Nous pensons, au contraire, que le fait de suivre un ordre topographique, un itinéraire cohérent et précis, outre qu'il fournit un fil conducteur parfaitement lisible, ne peut que renforcer l'homogénéité de l'ensemble.

Partant de ces idées simples, il nous est apparu, très vite que, du fait de son ampleur, notre sujet ne pourrait être couvert en un seul tome. Aussi, nous a-t-il semblé plus logique, dans un premier temps, de nous en tenir au "Fougères historique" : celui du château et de ses faubourgs immédiats (Basse Ville) ; celui de la ville ancienne, celle située dans le périmètre des anciennes portes (Haute Ville). Nous avons souhaité, aussi, évoquer, dés maintenant, les quelques kilomètres séparant cette dernière de la forêt, lieu magique indissociable de l'histoire de Fougères. Cela nous permettait, au passage, de traiter du quartier des Cotterets et de nous intéresser au travail du verre puis à celui du bois.

Nous souhaitons vivement, que l'accueil fait à ce premier travail, accessible à tous, tant par son prix de vente que par son contenu, permette d'envisager la parution, d'ici la fin de cette année, d'un deuxième tome qui, dans le même le esprit, traitera des quartiers plus récents et entre autres thèmes, de l'industrie de la chaussure, sujet incontournable qui, volontairement, a seulement été effleuré dans ce premier tome.

Le livre couvre approximativement la période de 1860 à 1950. Beaucoup de documents se rapportent, cependant, au premier quart de notre siècle - une époque qui n'a pas été aussi "belle" qu'on le dit pour tout le monde. La tragédie du 9 juin 1944, si douloureusement présente dans la mémoire de nombreux fougerais, se voit réservée une place privilégiée.

Bien entendu, nous ne pouvons prétendre faire oeuvre d'historiens ; tout au plus, présentons-nous un chronique incomplète, certes, mais originale et souvent insolite (nous avons écarté certains documents qui nous semblaient trop connus), tour à tour grave ou humoristique, au gré des circonstances.

Dans ce récit, nous ne défendons aucune "chapelle" ; nous ne cherchons pas à hiérarchiser des événements, encore moins des personnes. Aussi à côté de célébrités incontournables telles Hyacinthe Cordier, Albert Durand ou, encore, l'abbé Louis Bridel, sont ressuscités, l'espace d'un instant, de nombreux anonymes, totalement oubliés aujourd'hui mais qui ont, animé, le Fougères qui nous intéresse. Chronique de la vie des gens, donc, mais d'une manière non moins modeste, "guide touristique atypique" permettant aux étrangers à la cité de découvrir d'une manière originale les lieux intéressants et pittoresques subsistants dans la vieille ville; permettant peut-être aussi aux Fougerais de redécouvrir certains aspects de leur ville qu'ils avaient oubliés... surtout aux plus jeunes pour lesquels les faits évoqués appartiennent à l'histoire - leur histoire! Nous leur dédions ce modeste travail ; puisse t-il contribuer à leur faire aimer encore plus leur ville et ce, malgré les aléas du temps.

Dominique Badault, Jean-Claude Chevrinais,
mai 1994.

Remerciements

Nous voudrions exprimer nos remerciements à J.Y. Veillard, conservateur du musée de Bretagne à Rennes, qui nous a permis de reproduire certaines photographies très anciennes, relatives au château, aux fortifications et à la place du Marchix. Il nous a autorisé, également, à utiliser les plaques photographiques cédées par Emmanuel Debroise, témoin inlassable de la vie fougeraise (cf. congrès eucharistique de 1938 - destruction de la Pinterie en 1944). Par ailleurs, nous voudrions remercier Louis Pré et Marc Cobac dont le prêt de documents, a permis de compléter notre documentation personnelle. Les personnes suivantes, ont, par ailleurs, eu la délicatesse de nous confier des documents provenant, pour la plupart, d'archives familiales, en les accompagnant parfois de commentaires très utiles :

Patrick Bachelier, Francis Battais, Félix Betton, Marie-Thérèse Chemin, Thierry Casseau, Edouard Gaigne, Suzanne Lecrivain, Jean-Pierre Marc, monsieur Montembault, Jacques Saucet. De surcroît, nous exprimons notre vive gratitude à Arsène Croissant, René Derieux et à notre ami Eugène Thebault dont les souvenirs ont contribué aux fonds bibliographiques. Vifs remerciements également à la congrégation du Rillé.

Nos remerciements iront, enfin, au personnel de la bibliothèque municipale de Fougères dont le dévouement et la compétence ont facilité nos recherches.

Pour renforcer la documentation qui doit servir de support à notre Tome II, nous sollicitons le prêt de nouveau documents : tous les aspects de la vie locale nous intéressent et particulièrement vie publique, activité industrielles, vie sociale et politique, activité commerciale, transports, etc. (s'adresser aux Editions Alan Sutton).

I

La Basse Ville

Cette photographie d'A. Bouristan, la plus ancienne connue à ce jour (1859), a été prise du "Champ au lion". L'imposante forteresse médiévale occupe le centre de la composition que traverse, en diagonale, l'entrée du boulevard de Rennes. On distingue la poterne (tour d'Amboise) que surplombe la tour du Gobelin (lutin) ; à sa droite la célèbre tour Mélusine que Victor Hugo rebaptisa "tour Gauvain", du véritable nom de son égérie Juliette Drouet, dans son roman Quatre vingt treize ; ces constructions (XIIe et XIVe siècles) sont plus anciennes que la tour Surienne située plus à droite. On distingue, aussi, St-Sulpice, paroisse de la Basse Ville. Enfin, sur la hauteur, la ligne de fond de la Haute Ville qui s'étire de gauche à droite, du beffroi à l'église St-Léonard : tout Fougères est là.

Cette vue générale, moins connue, nous livre un aperçu intéressant de la Haute Ville et de l'église St-Léonard. Le lieu dit "Moulin aux pauvres" est situé à environ deux kilomètres de la ville entre le début du boulevard de Rennes et l'extrémité de la rue de Nantes. A cet endroit le Nançon décrit un méandre resserré ; s'y trouvait, au début du siècle, une importante minoterie, exploitée par un certain Férard.

Avant la construction du boulevard de Rennes, on accédait à Fougères par la rue des Fontaines; c'est une rue de faubourg sinueuse, étroite, et à forte déclivité ; au début du siècle, une population laborieuse de plus de six cent personnes s'y entassait dans des conditions matérielles des plus précaires. Les habitations, sombres, mal aérées, sans aucun confort, témoignent d'un mode de vie d'un autre temps; par exemple, en 1920, il n'existe que quinze W.C. acceptables! Les épidémies de typhoïde et de tuberculose sont alors monnaie courante.

De grands ormes ombrageaient la rue du Château. Les douves étaient le lieu de prédilection des gamins du quartier.

La rue des Fontaines débouche rue Le Bouteiller vis à vis de la tour Surienne au pied de laquelle a été pris ce document ; celui ci montre "dans sa splendeur" le baldaquin sur lequel trône la statue de Notre-Dame des Marais, couronnée le 8 septembre 1923 avec grande solennité et en présence d'une foule considérable.

Une brochure de l'époque témoigne de la magnificence de la fête : "Enfin, sur un superbe brancard aux lambrequins armoriés et brodés de lys...s'avançait Notre-Dame, portée sur les épaules des notables des trois paroisses de la ville et de celle de Landivy, précédée des gymnases de l'Espérance et du Drapeau. Derrière la statue, voici les autorités civiles avec, à leur tête, monsieur Cordier, maire, messieurs Jenouvrier et de La Riboisière, parlementaires... Enfin, clôturant le cortège son éminence le cardinal Charost. Tout au long d'un parcours considérable, c'était un émerveillement sans fin. Beaucoup de ménages ouvriers contribuèrent gratuitement à la décoration des rues. Depuis des lustres on n'avait vu pareille affluence à Fougères".

Après avoir contourné l'église St-Sulpice, on rencontre ces trois bâtisses qui, contrairement à ce qu'indique la légende, se trouvaient aux 2, 4, et 6 rue de Lusignan ; déjà, avant 1914, elles étaient dans un état de délabrement avancé ; il est à déplorer qu'aucun effort n'ait été, semble-t-il, tenté pour sauver les deux dernières : menaçant de s'effondrer sur la chaussée, elles furent abattues en 1960. Le n° 6 était le dernier témoignage d'étal de commerce en pierres subsistant à Fougères.

Sur ce cliché, on distingue à nouveau le 4 et le 2 rue de Lusignan (à droite) ; le 2 était tenu, à l'époque, par un certain Brisbart, débitant ; aujourd'hui, on y trouve une boucherie. Les propriétaires actuels, installés depuis 1954, ont réalisé les travaux de sauvegarde nécessaires. On aperçoit, au fond à droite, la première maison de la rue du Nançon. Au premier plan se situe le mur d'enceinte de la communauté de la Providence dont la chapelle, sans intérêt architectural, avait été construite à l'emplacement d'une ancienne abbaye romane détruite en 1768.

La communauté qui abritait un orphelinat, fut détruite lors du bombardement du 9 juin 1944. On déplora cinquante-deux morts. Elle n'a jamais été reconstruite depuis.

La même nuit plusieurs maisons furent également touchées rue du Nançon.

Cette perspective de la place du Marchix, datant de 1865 met bien en valeur les maisons du seizième siècle qui la bordent encore aujourd'hui. On aperçoit, à gauche, au centre du cliché, l'entrée de la rue des Tanneurs et, au fond, la rue de Savigny. On distingue, également, à l'arrière plan, une falaise de granit, vestige d'une carrière exploitée pendant plusieurs siècles.

Rien n'a changé en apparence, quarante ans plus tard, si ce n'est l'aspect de plus en plus délabré de certaines habitations ; celles-ci ont fait l'objet, ces dernières années, d'une réhabilitation assez colorée. La maison située à l'angle de la rue des Tanneurs et de la rue de Savigny est en cours de restauration.

En s'enfonçant vers le fond de la place, on remarque à droite le pignon de la maison dite "tribunal révolutionnaire", lieu où cette institution ne siégea jamais. Depasse nous dit qu'à la fin du siècle dernier, elle était habitée par deux aimables septuagénaires qui ne manquaient jamais de faire l'honneur de leur logis aux touristes de passage.

Il s'agit de la rue de Savigny ; le cliché est pris au niveau de l'actuel n°11. Cette rue est une rue de faubourg plus aérée que les ruelles précédemment visitées. On y trouve des habitations de diverses époques ; certaines ont été construites il y a moins d'un siècle pour faire face à l'explosion démographique (population triplée en cent ans).

On suppose que ce cliché a été fait rue de Savigny, au pied de la carrière. L'ancienne coiffe de Fougères, originale mais assez lourde, tomba en désuétude à la fin du siècle dernier ; elle fut supplantée comme dans le pays de Rennes par "la Polka " ; en 1900, elle avait presque totalement disparu.

L'intérêt de ce cliché est surtout de nous révéler les façades arrières des maisons de la place du Marchix ; le pittoresque des constructions dont on se demande, avec étonnement, comment elles ont pu tenir debout quatre siècles, n'échappera pas au lecteur. En poursuivant notre chemin, on parviendrait à la ruelle des "Quatre vents" puis, par la promenade de la vallée, au Jardin Public et à l'église St-Léonard.

Physionomie de la place du Marchix au débouché de la rue de Savigny ; la maison située au fond, construite au XIXe siècle introduit une rupture dans l'unité architecturale de la place.

La rue Fos-Quérally relie la rue du Nançon à la Porte Notre-Dame ; c'est un havre de paix d'où l'on peut jouir d'une très belle vue sur la Ville Haute et sur les remparts bordant la rue de la Pinterie côté sud. On se trouvait, ici, dans le quartier des moulins à tan qui témoignent de l'ancien essor de l'industrie des cuirs et peaux à Fougères.

La porte Notre-Dame, du XIVe siècle, appelée "porte St-Sulpice", est la seule porte qui ait été conservée ; les trois autres (Rillé, à l'entrée de la Pinterie ; Roger, au fond de l'actuelle place du Théâtre ; St-Léonard, en avancée de l'actuel Hôtel de Ville) ont été détruites : la première en 1767, la seconde en 1774 et la dernière vers 1820.

Cet ancien lavoir, aujourd'hui disparu, se trouvait au niveau d'un bief du Nançon situé entre la porte St-Sulpice et la rue Fos-Quérally. Le lavoir était, à cette époque, un lieu privilégié de la vie sociale ; pour se détendre de leur dur labeur, les commères s'y répandaient, allègrement, en ragots et médisances de toutes natures. Selon une ancienne légende, la plus médisante d'entre elles aurait été condamnée, après sa mort, à revenir, vêtue d'un linceul blanc, battre le linge toutes les nuits. Las, depuis la suppression du bief, nul ne sait où elle est passée!

Cette vue générale, datant de la fin du siècle dernier, nous permet de reconstituer l'ensemble du périple effectué jusqu'ici. Partant de la falaise qui domine (à gauche) la rue de Savigny, on aperçoit le clocheton de Notre-Dame de la Providence, aujourd'hui détruite, puis la façade blanche du 2 rue de Lusignan. On distingue, nettement la fumée d'une usine ; les fumées étaient aussi, à l'époque, une importante source de pollution. Plus avant et en diagonale, le bâtiment longiligne, au bord du Nançon, est un ancien moulin à tan restauré dans les années 1970. Au centre de la composition, l'église St-Sulpice (du XVIe siècle) arbore son clocher incurvé depuis qu'un "bon bourgeois" voulant échapper au sorcier le plus connu de Fougères, l'abbé Poussinière, s'y accrocha désespérément! Plus à droite, la masse imposante de la tour Surienne coiffée alors d'un toit à triple étage ; elle surplombe les bâtiments de l'école Notre-Dame des Marais dont l'emplacement est pour le moins malheureux! Tout à côté, la porte St-Sulpice est encore crénelée de lierre ; enfin, à l'extrême droite, la forme carrée de la tour de la Haye St-Hilaire est aisément reconnaissable.

"Les vieux remparts et la tour Nichot ": Cette photographie date, probablement, de 1865. Laissons à C. Le Goffic (*l'Illustration* du 5/10/1929) le soin d'en faire le commentaire : "Mais la ville, la vieille ville, avait son enceinte elle aussi, crevée çà et là pour livrer passage à la ville neuve, qui, cependant, n'a pu mordre dans les formidables remparts de quinze toises qui, désaffectés, ceinturés de balcons à jour, chapeautés de jardins suspendus-avec parasols, kiosques et tonnelles - gardent encore grand air sous ce travesti phillipard".

Des ravenelles et des valérianes pavoisent d'or et de rose tendre, au printemps, les abruptes murailles, les escaliers moussus et les loggias accrochées au-dessus du vide, d'où l'on jouit d'une vue inoubliable sur le Nançon, la Basse Ville et le château ; on aperçoit, au centre, le pignon de l'école du Sacré-Coeur.

Une grille, mitoyenne de la porte Notre-Dame permet d'apercevoir, dans l'enceinte du château, ce curieux moulin à quatre roues ; c'était un ancien moulin à foulon reconverti en moulin à farine au début du siècle dernier ; cent ans plus tard, il était toujours en activité et exploité par un certain Douard. Il brûla accidentellement en octobre 1944.

La commission d'hygiène remet, en 1920, avant que ne soit implanté le tout à l'égout - un rapport accablant sur l'état sanitaire de la Basse Ville. Deux gros collecteurs déversent, quotidiennement, des résidus fétides dans le Nançon et la plupart des maisons de la Basse Ville ont leurs latrines établies directement sur la dite rivière. Pour autant, sur son cours s'éparpillent de nombreux lavoirs dans lesquels on lave et rince le linge de la population!

Ce pittoresque lavoir a, malheureusement, disparu de la mémoire collective ; c'était tout au long de la semaine une ruche bourdonnante sauf le dimanche, bien entendu! Quiconque aurait songé à travailler le "jour du Seigneur" aurait été frappé de malédiction : on était très superstitieux, autrefois, au pays de Fougères !

Rencontre avec un curieux personnage ; il est encore vigoureux mais, au labeur, il préfère la rêverie à l'ombre des grands ormes ; c'est un sage car il est libre ! Il sait tout, a tout vu, tout entendu, et, moyennant trois sous pourrait vous en raconter plus sur Fougères qu'une cohorte de guides accrédités.

C'est surtout lorsqu'il évoque Victor Hugo que notre homme est intarissable : un grand poète entre tous et il s'y connaît notre guide ! Et (faisant allusion au célèbre texte où il assimile, dans sa description emphatique, le site de Fougères à une cuillère à ragoût dont le manche serait la rue de la Pinterie), un sacré gastronome à défaut d'être un bon géographe ; l'esprit, sans doute accaparé par sa belle maîtresse, il ne distingue que sept des onze tours du château et, comble d'étourderie, substitue la Vilaine au Nançon ! Le cliché proposé ici date de la fin du siècle dernier ; on remarque déjà des différences sensibles, notamment dans l'agencement des maisons surplombant les remparts à droite de la tour Nichot. Tout cet enchevêtrement de constructions hétéroclites a disparu lors du bombardement de 1944.

Cette photographie datant des années quarante a été prise devant l'église St-Sulpice, sans doute à l'occasion de la Fête-Dieu ; l'apparat de cette solennité fascinait particulièrement les enfants qu'ils soient croyants ou non.

Nous sommes en septembre 1943, le jour de la fête de la "Sainte Enfance" ; le majestueux suisse de St-Sulpice porte un regard attendri sur son "collègue d'un jour, le jeune Tréhan".

Ce curieux dessin du début du Second Empire, dont semble s'être inspiré, plus tard, Robida, servait d'ornement aux factures de la maison Duhil, spécialisée dans le travail de la laine. Il s'agit de l'entrée du château telle qu'elle se présentait à l'époque. On distingue, de gauche à droite, la tour du Hallay, puis, au centre, la tour de la Haye Saint-Hilaire la plus ancienne de toutes(XIIe siècle), enfin, la tour de Guémadeuc dont les proportions sont parfaitement fantaisistes ; entre les deux dernières tours, la bâtisse avec perron, aujourd'hui disparue, était louée au manufacturier évoqué plus haut. A cette époque, et depuis 1820, le château était propriété de la famille de Pommereul qui accueillit Balzac à Fougères en 1829. En février 1892, cette famille envisagea de vendre son bien aux enchères avec une mise à prix initiale de soixante-cinq mille francs or ; un inspecteur général des Beaux -Arts, monsieur Litsch parvint à convaincre la municipalité intérimaire d'alors de se porter acquéreur à l'amiable pour une somme de quatre-vingt mille francs couverte pour moitié par l'Etat ; cependant, avec les frais, on dépassa cent mille francs, somme représentant environ 1 850 000 francs actuels.

Dès l'année suivante, les travaux de consolidation commencèrent ; il est intéressant de confronter le dessin précédent avec le cliché ci-dessus pris au début du siècle. Les trois tours ont été restaurées et la bâtisse qui dépareillait l'ensemble, démolie (1910) ; un petit square dont le muret et le portique, n'existent plus aujourd'hui, a été implanté. "Il n'y a pas un chat" ce qui, somme toute, est assez normal, le chat ayant de tous temps été considéré à Fougères comme un animal maléfique.

L'Amicale Laïque de l'école St-Sulpice créa, en novembre 1906, l'Avant-Garde : "société de gymnastique, de sports et d'instruction militaire". Les activités de l'A.G.L. présidée par monsieur Guimont débuteront en 1907. Le siège social était l'école St-Sulpice, actuelle école Raoul II, mais, les bâtiments visibles sur la photo n'existent plus.

Les gymnases de l'A.G.L. effectuent un exercice dans l'enclos Etienne, prés du château ; le chef de gymnastique était monsieur Sorel.

La paroisse St-Sulpice avait aussi sa société, St-Louis de Gonzague, oeuvre fondée en 1858 par le vicomte Le Bouteiller ; elle prit, plus tard, le nom de Société de l'Espérance.

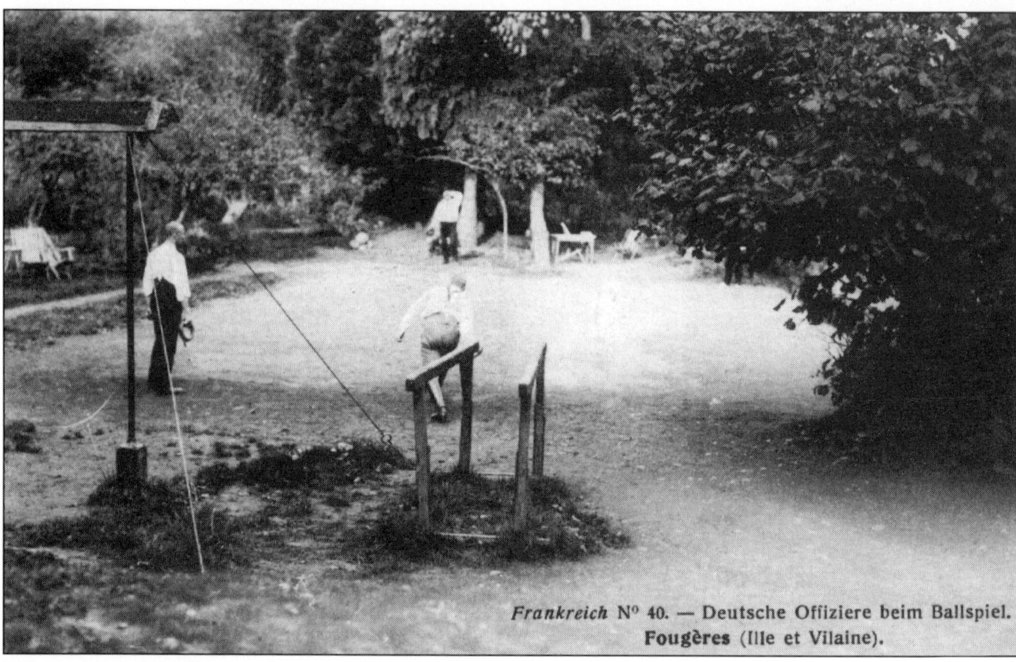

Des prisonniers allemands arrivèrent à Fougères le 21 août 1914 ; en janvier 1915, le château devint lieu de détention pour des officiers de tous grades ; peu à peu, on les employa à des travaux forestiers et agricoles pour pallier le manque de main d'oeuvre rurale du fait du conflit.

Le marché aux porcs se tenait place du marché "à la chaux", rebaptisée place Raoul II en 1898 ; à cette occasion, "la campagne descendait en ville" ; dès six heures du matin, les carrioles envahissaient la place et une foule bigarrée devisait joyeusement : paysans vêtus de leurs blouses amples, si caractéristiques, femmes coiffées de la "polka" ou de la petite "catiole" portant de grands paniers d'osier.

Selon la sensibilité de chacun, le marché aux porcs était qualifié de "marché aux Princes" ou de "marché aux Socialistes" ; les gamins parlaient de "marché aux petits frères" ; les plus tolérant de foire aux "Internationalistes" enfin certains, affectant d'être plus cultivés que les autres de "cercle des bourgeois" (Victor Hugo avait dans une lettre à sa femme comparé certains bourgeois de la ville à des pourceaux!). Toutes ces appellations sont authentiques mais n'étaient pas aussi familières que ne le laisserait supposer le commentaire.

Nous sommes en 1928, madame Bozzi, adjointe de la directrice de l'école communale de Rillé inculque des notions de géographie à ses élèves.

Il s'agit d'une photo souvenir d'une fête des anciennes élèves de l'école communale de Rillé organisée le 27 novembre 1937. Le spectacle s'intitulait joliment : "Le mariage des Rayons et des Giboulées".

Cet intéressant cliché a été pris à l'entrée de la rue de Rillé ; on remarque, à droite, le commerce de perruquier tenu, au début du siècle, par un certain Maudet ; de nos jours s'y trouve un magasin d'alimentation ; en face, les 1 et 3 rue de Rillé ont été démolies pour permettre l'élargissement du carrefour du boulevard de Rennes.

De longue date, les abords et les douves du château ont été le lieu de promenade privilégié pour les enfants des écoles et leurs maîtres ; sans doute s'agit-il, ici, d'une classe de l'école municipale de Rillé toute proche.

Sans nul doute, une des photographies les plus réussies de A.Durand qui fit tant pour le rayonnement de Fougères. Nous sommes, un jour de printemps, allée de la vallée, coin charmant, qui constitue le trait d'union entre la Basse Ville, sur l'arrière de la rue des Tanneurs, et le jardin public situé en contrebas de l'église St-Léonard ; on aperçoit, au fond, le clocher de St-Sulpice qui, à la suite de la restauration de 1953, a recouvré son aspect rectiligne.

L'enceinte du château de Fougères constitue un merveilleux décor naturel ; on décida, à partir de 1912, d'y donner des représentations théâtrales ; à la belle saison, de nombreuses troupes d'amateurs y donnent des spectacles des plus variés. En 1913, on fait appel à des artistes du théâtre de l'Odéon pour interpréter Le Cid ; neuf ans plus tard, une des vedettes de cette troupe, L.Brille revint jouer, avec grand succès, le rôle d'Hermione dans "Andromaque".

A gauche, venant de la porte St-Sulpice, la rue de la Fourchette. A droite, le début de la rue de la Pinterie, dominée par la tour de la Haye St Hilaire. Au centre, l'îlot Barbacane ; rien n'a changé depuis cette époque, hormis le commerce aujourd'hui disparu. On remarquera avec intérêt la "carriole" du commerçant ambulant, sans doute "le planteur de caiffa " installé boulevard de la Gare.

La rue de la Pinterie, c'est-à-dire des potiers d'étain, bordée de chaque côté d'une ligne de fortifications, grimpe vaillamment jusqu'à la place du théâtre ; c'était, au XVIIIe siècle, le passage obligatoire pour tout convoi venant de Rennes ; elle était, alors, bordée de pittoresques maisons à porches et on imagine sans peine, compte tenu de l'étroitesse de la voie et de sa forte déclivité, les difficultés que devaient éprouver, l'hiver, les charrois pour atteindre la place du Brûlis (rebaptisée place Brutus sous la Révolution) par laquelle on accédait, alors, à la Haute Ville.

Comme la Pinterie, la place du Brûlis (théâtre) et la Grande Rue (nationale) étaient bordées de ces maisons à porches très vulnérables au feu ; aussi, après une succession d'incendies au dix-huitième siècle, le roi ordonna que les maisons endommagées fussent rasées et qu'on n'en construisit pas de nouvelles ; il était même disposé à supporter les frais liés à leur complète démolition...proposition qui ne fut pas agréée ; ainsi restait-il, au début du siècle, sept maisons à porche rue de la Pinterie, certaines dans un état de délabrement assez avancé. On peut se faire une assez bonne idée de ces habitations en visitant le quartier de la rue de l'Apport à Dinan.

Depasse écrit en 1895 : "...mais le temps accomplit son oeuvre ; la municipalité soucieuse de l'hygiène ne permet aucun travail de conservation : avant qu'il ne soit longtemps, le dernier porche aura disparu". Il ne croyait pas si bien dire ; les porches disparurent en effet, mais sous les bombes, le 9 juin 1944 ; pourtant, entre les deux guerres, la municipalité Cordier les avait classés monuments "intéressants" et avait aidé à leur réhabilitation, changement significatif de mentalité.

Dans son premier tiers, la rue amorce un coude ; tous les immeubles situés à ce niveau, de part et d'autres de la rue furent détruits ; parmi eux, hormis "les porches", l'hôtel le Harivel où le général de Lescure, un des chefs de l'insurrection vendéenne fut transporté, mourant, en 1793.

Dans les années cinquante, on reconstruisit les immeubles situés côté impair et l'on s'abstint, fort heureusement, de rétablir ceux de la partie droite (côté pair) ce qui permit de mettre en valeur la ligne de fortification de la tour Nivot, de dégager l'ancien chemin de ronde et d'offrir aux passants une vue sur la Basse Ville et le château, dont seuls quelques privilégiés pouvaient, jusqu'alors, profiter.

Le pignon de cette très belle maison du seizième siècle avait inspiré de nombreux artistes dont Robida ; sa carcasse calcinée, fantasmagorique et dérisoire, se dresse dans un univers désolé. Après le bombardement, Fougères fut déclarée "ville morte" pendant trois mois.

L'école du Sacré Coeur, à gauche, ne fut reconstruite qu'en 1953.

Bien que des tracts, largués d'avion le 7 juin, aient incités la population à quitter la ville, sept mille personnes vécurent trente minutes d'enfer à la première heure du 9 juin; il y eut deux cent quatre-vingt-neuf morts. Cinquante immeubles furent totalement détruits ; la rue de la Pinterie fut une des plus éprouvées.

Le chanoine Forget, curé de St-Sulpice acheta, 35 et 37 rue de la Pinterie, l'hôtel du Breil de Caurelaye et y installa une école de filles qu'il confia à des religieuses sécularisées de Rillé. En octobre 1912, l'école du Sacré Coeur ouvrit avec deux cent soixante élèves confiées à cinq institutrices dont deux religieuses. Mademoiselle Saucet en assura la direction de 1912 à1947. Cette photo prise, vers 1925, dans le petit bois à côté de la maternelle, présente le personnel enseignant de l'établissement.

Au début du siècle, plus de mille personnes habitaient la rue de la Pinterie ; malgré la reconstruction partielle entreprise en 1854, certaines y vivaient dans des conditions précaires. la rue était animée par tout un univers d'artisans et de petits commerçants. On trouvait vraiment de tout rue de la Pinterie ; à titre d'exemple, six sabotiers avaient encore pignons sur rue en 1900 (trois d'entre eux installés sous les porches), un seul survivra à la première guerre mondiale! On y trouvait, aussi, trois fabriques de chaussures dont la plus connue, la manufacture Pacory, se situait au 32.

Si cette fabrique est restée si vivante dans la mémoire collective, elle le doit, assurément à la personnalité de son fondateur, E. Pacory, personnage débonnaire et paternaliste qui parvint à maintenir un bon climat social dans son entreprise et à développer une activité satisfaisante en utilisant des méthodes de fabrication traditionnelles et en misant sur la qualité de sa main d'oeuvre. Ce document montre la rentrée de ses ouvriers.

Ce document est significatif de l'ambiance "bon enfant" qui régnait chez Pacory ; ce patron "social" aimait se faire photographier parmi ses ouvriers ; il figure dans l'embrasure de la fenêtre, à droite et de profil.

En 1905, il existe à Fougères trente fabriques de chaussures, de toutes tailles, dont vingt-trois sont affiliées au tout nouveau syndicat patronal, auquel Pacory n'adhère pas ; ces usines emploient, alors, plus de huit mille ouvriers, hommes, femmes et enfants qui sont payés "à façon" et qui, pour certains, travaillent à domicile. Les mois d'été sont pour beaucoup une période chômée. Les ménages ouvriers ne peuvent se permettre aucun luxe, les deux tiers de leur budget passant en dépenses alimentaires ; la cherté des loyers les confine le plus souvent, dans des logements exigus et sans confort ; cependant, et à condition que la maladie et le chômage ne s'en mêlent pas, beaucoup parviennent, malgré tout, à vivre à peu près décemment. Ce cliché d'un des ateliers de Pacory- choisi, il est vrai, parmi les plus archaïques- est saisissant de réalisme: Quel contraste avec le modernisme affiché, à la même époque, chez Cordier!

A la fin de la longue grève de l'hiver 1906-1907, la Commission Parlementaire du Travail, dont la médiation permit de sortir de l'impasse, se rend chez Pacory, le patron le plus influent parmi ceux restés en dehors du conflit. Dans les années trente, les activités de la fabrique furent progressivement reprises par le gendre de Pacory, Hamard ; celui-ci s'engagea dans un important programme de modernisation rendu nécessaire par l'intensification de la concurrence à Fougères et ailleurs. En 1930, on dénombrait cent dix fabriques : beaucoup furent frappées de plein fouet par la crise et le long conflit social de 1932.

Cette vue montre bien l'importance de l'usine Pacory, littéralement enserrée dans les fortifications de la Pinterie côté nord ; la tour servait d'entrepôt. Aujourd'hui, il ne reste absolument plus rien de cette usine et la tour Desnot a pu être dégagée. Pacory se retira des affaires à la fin des années trente ; son gendre, Hamard-Pacory, était maire de Fougères lors du bombardement.

Un des plus beaux documents relatif à la grève de 1906-1907: tous les jours, une escouade de grévistes se rendait chez le boulanger Tesnière, au 20 de la rue Pinterie, afin de ravitailler en pain la Bourse du Travail.

Dernier clin d'oeil à la Pinterie! On aperçoit, au fond, la ruelle de Vaux qui longeait, alors partiellement, les remparts de la Pinterie côté nord ; en contrebas, dans une petite vallée verdoyante, un modeste lavoir s'est implanté au bord du Nançon.

II

La Haute Ville

Les fêtes du "Congrès Eucharistique" connurent leur point d'orgue le dimanche 17 juillet 1938 ; l'aprés-midi, par un temps splendide, cinq mille enfants défilèrent en ville. Vers 17 heures, le cortège déboucha, après avoir remonté la Pinterie, sur la Place du Théâtre, décorée de milliers de capucines, où planait, majestueusement, une gigantesque couronne.

Carton publicitaire du photographe Mabire, qui s'illustra, notamment, par d'excellents clichés de la grève de 1906. Il avait succédé, trois ans plus tôt à Yrondy, dont le nom figure encore, sur ce document, sur la façade du 2 rue Nationale.

La Place du Théâtre était particulièrement animée ; un marché aux oeufs s'y tenait de manière régulière ; la mercerie Monchâtre "A la Pensée" était une des plus réputées de Fougères ; on aperçoit la perspective de la rue Porte Roger avec, au fond, le Tribunal ; à droite sur ce cliché, se trouve le Grand Bazar du Bon Marché et des Nouvelles Galeries.

Deux immeubles vétustes furent détruits en 1885 pour faire place à la construction du nouveau Théâtre ; celui-ci a été conçu, dans le style italien, par l'architecte J. Laloy ; son inauguration, en 1886, fut l'occasion de grandes réjouissances populaires avec, notamment, une imposante cavalcade historique et, pour la première fois à Fougères, le lancement d'un ballon ; ce théâtre fut fermé en 1970 pour des raisons de sécurité.

On s'affaire, place du Théâtre, pour décorer les façades des immeubles à l'occasion du Congrès Eucharistique ; l'épicerie Hubert se situait au 3 de la place ; elle était à cette époque, contiguë à la librairie-papeterie Brissier.

Pendant la guerre, en creusant les tranchées-abris, on a retrouvé, Place d'Armes, un vestige des fortifications de la Porte Roger ; elle se situait au fond de l'impasse du Théâtre qui prolongeait, alors, la rue Pinterie pour sortir de l'enceinte. On finit par fermer la muraille et le bout de la rue, devenu cul de sac, fut appelé "rue Perdue". La nouvelle porte fut placée un peu plus haut que la précédente à l'entrée de la rue qui porte son nom. Elle s'ouvrait entre deux tours dont l'une s'appuyait à la muraille près de l'ancien commissariat de police. Le cliché montre une reconstitution de la porte primitive réalisée par les habitants du quartier à l'occasion de la visite à Fougères, le 30 mai 1914, du Président de la République, Raymond Poincaré ; On remarque, aussi, sur cette photo, le commerce de mademoiselle Platel, modiste, et à droite, le magasin de confection Gaillard.

Ce cliché nous montre une perspective de la rue Porte Roger. Le commerce à louer, à droite, sera bientôt occupé par une herboristerie ; on distingue, clairement, l'épicerie Centrale tenue, au début du siècle, par Lehonsec ; un peu plus loin se trouvait, jusqu'en 1900, l'hôtel St-Jacques qui servait, autrefois de relais de Postes et où Balzac pris contact avec Fougères en 1829. A droite, faisant l'angle de la rue, se trouvait le commerce de lingerie, mercerie, confection, A la Porte Roger, fondé en 1827 et devenu progressivement, sous l'impulsion de la famille Daspre, un des plus importants de la région (il avait, notamment, une importante succursale à St-Hilaire du Harcouët).

Les grandes fêtes de 1922 feront, d'après *La Chronique*, date dans l'histoire de Fougères ; elles avaient commencé le samedi 22 juillet par un gymkhana automobile suivi, en soirée, d'une mémorable représentation *d'Andromaque* au Théâtre de la Nature dans l'enceinte du château ; le dimanche, un ballon fut lancé Place Carnot et une magnifique cavalcade se répandit dans les rues jusqu'à ce que de véritables trombes d'eau viennent rafraîchir l'enthousiasme ambiant.

Un Syndicat d'Initiatives est construit, Place d'Armes près du commissariat de police (aujourd'hui transféré). Il accueillera ses premiers visiteurs en avril 1932. A. Durand avait fondé, le 15 janvier 1913, le premier Syndicat d'Initiatives dont il assuma la présidence.

Le hall du Syndicat d'Initiatives est tapissé d'affiches de toutes régions qui invitent les touristes au voyage. "On y trouve des notices, plans, guides, dépliants, cartes concernant surtout la région... On a sous les yeux la collection complète des cartes-postales éditées par nos soins".

En ce début de siècle, le square de la place d'Armes, de forme triangulaire, planté de massifs, était bordé d'arbres. Au centre de ce havre de verdure, au printemps, un admirable jet d'eau apportait une touche de fraîcheur. La physionomie des lieux fut profondément modifiée, en 1919, après l'implantation du monument aux morts construit par le sculpteur A. Beaufils.

Le square a perdu tout son éclat au cours de l'hiver. Les forces de l'ordre, à cheval, postées devant le tribunal, encadrent la manifestation des "jaunes", désignés ainsi par opposition aux ouvriers grévistes, les "rouges" (janvier 1907). Le cortège avec, à sa tête, son secrétaire Gaboury était parti du siège de la Bourse du Travail Indépendante, rue Lesueur.

Dix-huit ans après Félix Faure, Raymond Pointcaré, président de la République, effectue une courte visite à Fougères le 30 mai 1914. Dans son discours à l'Hôtel de Ville, il évoque "l'avenante cité féodale et le rajeunissement industriel". Ce cliché montre la calèche présidentielle passant devant le Tribunal, ancien hôtel de la Bélinay où était né le marquis de la Roüerie, héros de l'indépendance américaine et figure emblématique de la contre-révolution.

Il était dans la tradition fougeraise de se rendre en famille, le jeudi de l'Ascension, à la fête de la Verrerie ; aussi, cette fête familiale et populaire, mentionnée dans des temps très anciens, attirait-elle une foule considérable. On voit, ici, le départ de la musique devant le Tribunal. L'harmonie Fougeraise avait été fondée en 1903 ; son président était H. Desrues. Cette société se produisait régulièrement, lors des fêtes à Fougères. C'était beaucoup plus qu'une simple fanfare traditionnelle : en juillet 1938, elle se signala, au concours de musique, par une interprétation mémorable de la cinquième symphonie de Beethoven.

La pharmacie de A.Saucet, fondée en 1894, se trouvait place Gambetta, en haut de la rue du Tribunal. Le cliché date de juillet 1900 et se rapporte aux troubles de l'été 1900 pendant lesquels l'usine de chaussures Doussin fut pillée et incendiée par les manifestants (23 juillet 1900). On fit appel à la troupe, aux gendarmes et aux militaires du 10ème escadron du train des équipages. Une négociation menée par le préfet d'Ille-et-Vilaine permettra difficilement le retour au calme.

A droite, la pharmacie Basset prétendait, avant 1914, vendre aux meilleurs prix de toute la région. Elle développait vis-à-vis de ses concurrents une publicité agressive dans la presse locale; cette officine faisait également droguerie. A gauche, de l'autre côté de la place, se tenait le café du Perron qui appartenait alors à monsieur Duhamel.

Nous retrouvons, quelques années plus tard, ce même café du Perron aujourd'hui disparu. Le café Lefort situé au 2 place Gambetta fut démoli à cause des travaux de percement du boulevard Leclerc. Avant 1914, il y avait un café pour quarante cinq habitants à Fougères!

Une main d'oeuvre nombreuse s'affairait confectionnant, avec l'amour du travail bien fait, le plus beau reposoir de la rue ou du quartier. Dans une "saine émulation", les hommes accrochaient des tentures aux façades et aux balcons, tandis que les femmes piquaient les fleurs une à une... Le reposoir était l'affaire de tous.

Ce cliché montre une curieuse devanture ; il ne s'agit pas vraiment d'un commerce mais d'un musée privé tenu rue du Tribunal par l'ancien coiffeur Roussin ; ce personnage haut en couleurs avait, en l'espace de 40 ans, rassemblé une multitude d'objets de curiosité touchant aux domaines les plus divers : meubles et objets populaires du pays fougerais, armes, archéologie, numismatique. Le clou de la collection était cependant un ensemble de faïences assez remarquable. A sa mort en 1895, Roussin légua le tout à la ville de Fougères.

Le bazar bien achalandé, était représentatif du grand commerce, en ce début de siècle, à Fougères. Le Grand Bazar des Nouvelles Galeries de monsieur Guillemot était situé dans le haut de la rue du Tribunal. "L'entrée y était libre et le prix fixe", selon la publicité. Pour autant, ce type de commerce visait, à l'époque, essentiellement la clientèle bourgeoise.

La petite rue de l'Hospice débouchait dans la partie haute de la rue du Tribunal. Avant 1914, un certain nombre d'indigents et de vieillards étaient logés dans un bâtiment mitoyen à la chapelle St Louis ; celle ci avait servi, pendant des années, de lieu de culte plus ou moins bien toléré pour les adeptes "de la petite église", dénommés par la suite "louisets". Ces derniers, catholiques intégristes avant la lettre, dénonçaient le clergé assermenté et s'opposaient aux dispositions du "concordat". Bien que marginalisés, ils firent parler d'eux à maintes reprises au cours du XIXe siècle. La dernière "louisette" s'est éteinte à Fougères il y a seulement une vingtaine d'années. L'église, fortement endommagée en 1944, fut détruite lors de la reconstruction ultérieure du quartier (élargissement de la place Gambetta).

La rue du Tribunal était un axe majeur du centre de Fougères ; un centre, déjà, à l'époque, un peu étriqué. Le cliché est pris dans la partie supérieure de la rue au niveau de l'embranchement avec la rue de l'Hospice.

Dès le lendemain du débarquement, l'un des objectifs majeurs des alliés fut de détruire les communications sur les lignes arrières de l'armée allemande. Dans ces circonstances, la gare de Fougères ne pouvait qu'être une cible privilégiée et imprécise. Pour être certains d'atteindre leur cible les lourds bombardiers n'hésitaient pas à arroser sur plusieurs kilomètres. Le contraste entre ces deux documents pris à quarante ans d'intervalle est particulièrement saisissant.

Cette fontaine en fonte sur socle de granit se trouvait rue du Tribunal, à l'angle de la rue de l'Hospice. Elle fut "miraculeusement" épargnée par les bombardements de juin 1944. Actuellement la fontaine "a trouvé la paix" au jardin public, près du "vallon" et des vestiges de la tour de Papegault (XIIe/XIIIe siècle). Un toilettage de la statue ne serait, cependant, pas superflu.

Ce cliché, datant du tout début des années 1920, nous montre une perspective intéréssante d'une des artères les plus commerçantes de Fougères, la rue du Tribunal, percée en 1843. On distingue, à droite, à l'entrée de la rue Jean Jaurès, l'hôtel Moderne qui avait été fondé par Hodebert en 1910. On remarque, un peu plus loin, la petite fontaine de l'entrée de la rue de l'Hospice ; face à l'hôtel, à gauche, le début de la rue de Paris. Vers 1905, la plupart des principaux cafés fougerais se trouvaient rue du Tribunal ; notamment le café-glacier Morice situé au 1, le plus important après le Grand Café (place d'Armes) et le café de l'Univers (rue de la porte Roger). On notera aussi, sans qu'il y ait sans doute aucun lien de cause à effet, que trois pharmacies se disputaient, à quelques mètres de distance, les faveurs de la clientèle!

En 1908, la maison L Desrues était un important négoce de vins et spiritueux en gros et comptait parmi les dix plus importants distillateurs d'eau-de-vie de la ville. A gauche, devant le 31 rue du Tribunal, pose le personnel de la maison. Remarquons que la voiture de livraison est tirée par pas moins de deux chevaux!

La rue du Tribunal fut fortement endommagée pendant la guerre ; ce cliché pris au milieu des ruines, montre l'immeuble de la Caisse d'Epargne, construit il y a une centaine d'années. La première Caisse d'Epargne de Fougères a été fondée en 1833.

En 1947, à l'initiative du Ministère de la Reconstruction un certain nombre de clichés furent pris afin d'étayer les dossiers d'indemnisation et d'alimenter les réflexions des responsables de la reconstruction ; celui-ci montre l'état d'une propriété sise rue Cordier (Rallier) et qui existe toujours.

La rue Rallier fut particuliérement touchee, comme en témoigne ce cliché de la fin de l'année 1944.

Cette photo de 1933 présente la section tir du "Drapeau", créée dans le cadre de la préparation militaire. En haut à gauche, le futur maire monsieur Réhault fils et, au dernier rang, les abbés Chevrier et Roslais. Au centre figure le président de la section monsieur Hubert et, sur les marches, en bas à gauche, le trésorier P. Gaigne.

Cette photo présente le groupe théâtral de l'Oeuvre St-Joseph en 1938 (rue Rallier). On reconnaît dans la deuxième rangée, à gauche, monsieur Réhault qui succéda à son père quelques années plus tard, à la tête de la manufacture familiale et devint maire en 1947, fonction qu'il assuma pendant plus de vingt ans. Les artistes interprétaient une saynète intitulée *Le mystère de Lourdes*. Curieusement, jusqu'en 1923, les femmes étaient absentes du "Drapeau". Certains rôles féminins, tel celui de Jeanne d'Arc, obligeaient les hommes à se travestir.

L'escrime fut l'une des premières activités sportives pratiquées à l'Oeuvre St-Joseph ; elle fit son apparition dès 1896. Un maître d'armes du dixième escadron du train des équipages l'enseignait aux sociétaires. Mais il fallut attendre 1901, et la création d'une section de gymnastique pour que le théâtre perde son hégémonie au profit du sport.

De la salle de cinéma de l'Oeuvre St-Joseph, il ne reste plus rien au soir du 9 juin 1944.

Il faudra attendre le 20 octobre 1954 pour que le cinéma du Drapeau "renaisse de ses cendres" avec l'ouverture, à la Dorangerie, de la salle de cinéma actuelle.

En 1868, Hyacinthe Cordier installait à Fougères une manufacture de chaussures. En pionnier, il décida de passer de la fabrication artisanale à la fabrication industrielle en ayant recours à l'outillage mécanique. Dès 1878, l'usine Cordier utilisera par exemple la machine à coudre Blake pour les semelles cuir alors qu'auparavant elles étaient cousues à la main. Le 11 janvier 1890, la fabrique Cordier située place de la Halle aux Blés est détruite par un incendie. Il n'y aura que des dégâts matériels et l'entreprise étant assurée, une usine agrandie sera reconstruite à l'angle de la rue G. Cordier (alors Rallier) et de la place Lariboisière. L'entreprise était dotée de vastes locaux et d'un outillage ultra moderne pour l'époque.

Cette vue de l'atelier de coupe permet de se rendre compte de l'organisation du travail chez Cordier.

La famille Cordier exerça une grande influence sur la vie politique (municipalité), économique (présidence de la Chambre de Commerce) et sociale (Fondation et Présidence du Syndicat Patronal de la Chaussure) à Fougères et ce, pendant plus d'un demi siècle.

Le 9 juin 1944, une bombe incendiaire tomba sur la manufacture qui fut entièrement ravagée par le feu, mettant ainsi un terme à une page de l'histoire de la ville.

A l'aube du 10 juin, il ne reste plus qu'un amas informe de poutrelles métalliques calcinées et tordues ; ce symbole de l'industrie de la chaussure à Fougères disparut à jamais.

En 1892, la municipalité décide d'ériger une statue équestre à la mémoire de Jean Ambroise Baston comte de La Riboisière, le héros fougerais de l'épopée napoléonienne. Un concours est lancé ; il oppose 41 participants. Le vainqueur G. Récipon est âgé de 32 ans : son oeuvre qui a fière allure mesure 4,40 mètres de haut. Elle sera érigée sur un socle de granit de Louvigné, lui même haut de quatre mètres, au centre de la place de la Halle aux Blés (rebaptisée La Riboisière), de sorte qu'elle domine les rues Rallier et Ferry. Le monument coûta 40 000 francs or couverts grâce à une souscription départementale et des subventions de l'Etat et de la ville de Paris. Le président Carnot devait l'inaugurer en grande pompe mais il se décommanda au dernier moment. L'inauguration, en mars 1893 donna lieu cependant à trois jours de liesse populaire.

La Fête-Dieu à Fougères en 1908. Ce reposoir était situé à l'entrée de la rue du Marché qui fait la jonction entre les places Lariboisière et d'Armes (cette rue fut rebaptisée rue de Verdun après la première guerre mondiale).

Dans un contexte de conflit latent entre l'Eglise et l'Etat, la procession de la Fête-Dieu revêtait toujours, notamment en Bretagne, une ampleur particulière. Sur ce document, on aperçoit aussi, à gauche, la statue du général Lariboisière. Celle-ci, orgueil de la ville de Fougères, sera déboulonnée et fondue sur l'ordre de l'occupant allemand le 11 juin 1942. Il en existe un moulage en plâtre, grandeur nature, entreposé dans une des tours du château. Un projet de reconstitution du monument a été abandonné du fait de l'importance du devis.

L'immeuble sinistré de la Banque Coopérative Industrielle et Agricole implantée à Fougères, place Lariboisière dans les années 1920, avant la dernière guerre, était l'une des quatre banques existant à Fougères. La place Lariboisière fut particulièrement touchée lors des bombardements; il y existait un abri qui fut totalement anéanti, on y dénombra plusieurs dizaines de victimes dont l'identification fut longue et douloureuse.

Sur la place Lariboisière, est érigée dès 1938, une statue dont le socle porte l'inscription suivante: "A la mémoire de l'abbé Bridel (1880-1933), la classe ouvrière reconnaissante". L'abbé Bridel, à son arrivée à Fougères en 1909, est nommé vicaire de la paroisse de St-Léonard. Il consacre toute son énergie à l'amélioration de la condition ouvrière. Il créera pour cela toute une série de coopératives ouvrières, dont la Cristallerie Fougeraise en 1921. Après 1921, il fut aussi à l'origine de la création de la Banque Coopérative Industrielle et Agricole afin d'assurer une certaine indépendance financière à ces coopératives. En 1994, un tel prêtre progressiste dérangerait encore beaucoup de monde...*à fortiori* dans les années 1920.

L'église St-Léonard, de style ogival flamboyant, est la paroisse de la Haute Ville. Son clocher est le point culminant de Fougères ; il domine le Nançon de soixante-huit mètres. L'église a connu de nombreuses transformations au cours des siècles, notamment à la fin du siècle dernier : deux travées furent rajoutées à la nef, l'entrée principale intervertie.

C'est dans cette partie de la place Lariboisière que se tenait le marché aux grains, un des nombreux marchés spécialisés de la ville. Mais les cinéphiles fougerais ignorent probablement qu'en janvier 1911, dans la Halle aux grains, à gauche, s'installe le cinéma-théâtre Pathé. Les séances avaient lieu trois fois par semaine: jeudi, samedi, dimanche et duraient deux heures. La fermeture au bout de quatre mois de la première véritable salle de cinéma de Fougères signifiait le retour pour un temps des cinémas itinérants.

Les inventaires, consécutifs à la loi du 9 décembre 1905 de séparation de l'Eglise et de L'Etat, eurent lieu dans les trois églises de Fougères le jeudi 1er mars 1906. Les forces de l'ordre massées devant l'église St-Léonard barraient les rues adjacentes de façon à maintenir la foule à distance. Une ligne de cavaliers du Train et des gendarmes quadrillèrent les lieux et canalisèrent la foule des manifestants, estimée à deux mille personnes, d'où s'élevaient des cantiques et des cris de protestation. A 8 heures, monsieur Gilard, inspecteur d'enregistrement se présenta devant l'église St-Léonard accompagné de monsieur Bourienne, sous-préfet de Fougères et de monsieur Munsch, commissaire de police. Le curé refusa l'ouverture des portes et voulut lire une protestation. Aussi, sur l'ordre téléphonique du préfet, à 9 h 30, après les sommations d'usage, la serrure d'une porte latérale donnant sur la place aux Arbres fut crochetée. Monsieur Gilard put alors effectuer l'inventaire des objets mobiliers de l'église et de la sacristie. Dans l'ensemble, la matinée des inventaires se passa à Fougères, si l'on en croit la presse locale sans incidents graves, entre "gens raisonnables".

Le dimanche 17 juillet 1938, la procession du Congrès Eucharistique parcourut "la voie triomphale formée par les somptueuses décorations réparties tout au long du parcours".

Cette cérémonie s'acheva rue Pommereul ; celle-ci avait été "splendidement décorée d'après les plans de monsieur Laurent, architecte, "avec ses trente-cinq mille roses, ses colossales oriflammes et son immense reposoir éblouissant, qui transfigurait la façade de l'église St-Léonard".

Cette remarquable photographie, aimablement prêtée par le Musée de Bretagne, est due à G. Nitsch ; ce dernier, brillant architecte, fut, aussi, Président de la Société Photographique de Rennes pendant vingt ans ; il nous a laissé un fonds d'une grande qualité documentaire et émotionnelle dont ce cliché porte témoignage. L'hiver, les miséreux pouvaient trouver refuge à la salle d'Asile rue Charles Malard.

La photo restitue par l'image la chapelle St-Nicolas, qui remontait aux origines de la ville, et les bâtiments conventuels en état de délabrement avancé. Le percement de la rue Pommereul, en 1865, entraînera leur complète démolition. A l'époque, la chapelle servait d'entrepôt au couvreur Bertin.

Le second cliché permet de constater l'étroitesse de la rue et de resituer la chapelle vis-à-vis de l'Hôtel de Ville et de l'église St-Léonard. Il ne subsiste plus que la maison à étages du couvreur Bertin, en arrière plan, aujourd'hui profondément remaniée et occupée par une pizzeria. On peut aussi apercevoir au fond, à gauche, une des maisons à porches de la rue Nationale, maison démolie au début de ce siècle.

Le premier étage de ce bâtiment, dont la construction remonte à 1881, servira d'Hôtel des Postes jusqu'en 1929. Avant de prendre sa retraite, après quarante-sept ans de services à Fougères, monsieur Floury, contrôleur des postes, y fera l'essentiel de sa carrière. "Il a connu les vieilles diligences ventrues, les facteurs de campagne avec leurs petites blouses bleues et les facteurs de ville vêtus de la redingote. Il a vu défiler à ses guichets trois générations de clients!". Aujourd'hui, cet immeuble est le siège de la bibliothèque municipale de Fougères.

On aperçoit, à droite, l'hôtel Le Chatellier, du XVIe siècle, qui servit de demeure aux administrateurs successifs de l'hôpital St-Nicolas ; un bâtiment conventuel mitoyen a été converti en caserne de pompiers.

Les trois jeunes enfants, des filles de la paroisse de St-Léonard, sont rassemblés pour fêter à leur manière, pleine de fraîcheur et de ferveur juvéniles "Les Mystères Joyeux" de la Mission 1920!

Réception inhabituelle à l'Hôtel de Ville! Le 12 juin 1913, Fougères fête sa centenaire, madame Duhil; celle-ci avait, parait-il, conservé toute sa lucidité!

Notre centenaire avait déjà près de quarante ans à l'avènement du Second Empire. C'est à cette époque que son beau-père fonda une fabrique de laines réputées, plusieurs fois médaillée dans les concours nationaux.

L'ancienne place aux Arbres d'où l'on jouit d'une vue extraordinaire sur le château et la Basse Ville, et d'où Balzac rédigea une mémorable description de Fougères, est devenue jardin public.

D'après *La Chronique*, la fanfare de la manufacture Pacory et les trompettes fougeraises ont fait entendre le jeudi 30 juin 1904, à 20h30, au kiosque de la place aux Arbres, les morceaux que ces deux sociétés exécuteront au concours musical de St-Nazaire. Une assistance nombreuse est venue encourager de leurs bravos, avant leur départ, nos artistes locaux.

Il s'agit du premier poste d'un jeune maître de 18 ans, Jules Leclerc, à l'école de St-Léonard, en 1939. Le père de J.C. Chevrinais est au troisième rang, second enfant, à gauche, en compagnie de tous ses camarades. Les élèves en sarrau noir étaient, pour la plupart, des orphelins de St-Vincent de Paul. Les anciens élèves reconnaitront le vieux préau en pierre.

En février 1933, monsieur Dubois prend la direction de l'école, il la quittera six ans plus tard. Pendant l'été 1934, il crée au Vallon, sur la propriété du comte Le Pays du Teilleul (ancien conseiller d'arrondissement), un atelier où se dérouleront, désormais, les cours d'électricité et de travail du bois et du fer. En 1938, au concours Lépine, porte de Versailles à Paris, quatre élèves de St-Léonard obtiennent un diplôme et l'école est récompensée d'une médaille d'argent.

Au milieu du XIXe siècle, on pouvait encore rencontrer rue Nationale, côté impair, quelques “maisons à porche” dont les murs en encorbellement étaient soutenus par de gros piliers en chêne reposant sur des blocs de granit. Aujourd’hui, seule subsiste celle de droite, qui abritait, en 1900, l’épicerie Leblanc ; aujourd’hui elle sert de cadre d’exposition des toiles du fougerais De la Villéon, un des derniers grands peintres impressionnistes.

De l'autre côté de la rue, une autre maison disparue, celle de la matelassière Fleury. Progressivement, des hôtels particuliers, tel l'hôtel Le Bouteillier s'érigèrent côté pair. Leur occupants contrastaient avec la population de petits artisans qui occupaient jusqu'alors la rue.

Perspective de la rue Nationale prise au niveau de la rue de l'Horloge ; la rue Nationale, la plus noble du Fougères historique est aussi la plus animée. On y trouve des commerces en tout genre. Pour la mode nouvelle s'adresser chez Langlois, au 13 à la Samaritaine, ou encore à La Ville de Paris. Plus modeste le 18, Au Gagne Petit ne souffrira bientôt plus de la concurrence du Bon Diable, mais devra encore composer avec Au St-Antoine, rue de la Forêt où on résiste rarement à la tentation! Bien entendu, la lingerie féminine la plus convenable se trouve rue Nationale, à l'enseigne Jeanne d'Arc.

Entre les deux guerres, à l'angle de la rue Rallier et de la rue Nationale, le miroitier Pelé exerçait le commerce de glace et de papiers peints. On l'aperçoit , à l'extrême droite, en blouse blanche. Ce commerce, depuis lors, n'a pas radicalement changé d'aspect ; actuellement, il s'agit d'une brocante.

La cordonnerie centrale Davy-Fouquet se trouvait à l'angle de la rue Nationale et de la rue Jean Jacques Rousseau, vis-à-vis des Halles Centrales. On imagine, sans peine, qu'à l'époque, toutes les petites activités annexes gravitant autour de l'industrie de la chaussure, cuirs et crépons, cartonnages, cordonneries aient été assez prospères.

Les Halles Centrales, dues à l'architecte Laloy, avaient été construites en 1897. C'était un bâtiment de pierres et de fer, avec des appuis en fonte et une verrière de type Baltard rue Nationale. Elles servirent, tous les samedis de marché couvert mais constituèrent aussi, à l'occasion, une véritable salle polyvalente : salle de réunions ou d'exhibitions sportives, selon les circonstances. Ainsi, à la fin de la grève de 1907, elles accveuillirent, entre autres, Jean Jaurès. Elles serviront aussi de morgue dans les heures tragiques de juin 1944. En 1947, la Foire Exposition s'installa dans ses murs. Quatre-vingt-dix années d'existence d'une vie riche de péripéties avant la démolition survenue en octobre 1987.

La rue Nationale, alors rue du Bourg-Neuf, fut profondément transformée au cours du XVIIIe siècle ; On profita des saignées provoquées dans les maisons à porches par les incendies successifs pour reconstruire des maisons en pierres qu'habitaient les bourgeois et les nobles fougerais, telle celle ci, sise 8 et 10 rue Nationale, dont l'arrière, dite cour Petit, passablement délabré, traduit bien l'insouciance des propriétaires ultérieurs.

A gauche, le 6 rue Nationale, immeuble mitoyen de la cour Petit précédemment évoquée. Le coiffeur Bellanger est sur le pas de sa porte avec son épouse et son employé. Plus loin, un facteur amorce sa tournée place du Théâtre; à l'époque, on effectuait deux distributions de courrier par jour. Vis-à-vis du coiffeur, se trouve le Bon Marché d'A.Langlois le principal concurrent d' A la Porte Roger situé quelques maisons plus loin.

Entre une boulangerie et le Théâtre, au 2 rue Nationale, se tenait le studio Mabire, un des trois photographes de Fougères. L'activité de Mabire ne se limitait pas au seul travail du type portrait d'art, en studio ; il devait aussi comme ses concurrents, Lambert et Desrues, sillonner la campagne pour immortaliser les noces rurales.

Le marché aux volailles se situait dans la rue Chateaubriand, ancienne rue "Derrière" par opposition à la rue "Devant", la rue Nationale. Les paysans des environs proposaient, dans de grands paniers d'osier, les animaux de la basse-cour. Cela donnait lieu à des palabres interminables.

Cette photo de famille regroupait des apprenties et des employées d'un atelier de confection de la mercerie en gros Launay installée au 25 rue Chateaubriand. Pour certaines de ses très jeunes filles, il s'agissait, peut-être, d'un premier emploi. A cette époque, dans les familles ouvrières, les enfants devaient travailler dès l'âge de quatorze ans et, parfois, bien que cela soit théoriquement interdit, plus jeune encore!

Au premier plan, à gauche, dans l'ancien hôtel de Marigny se trouve, actuellement, le siège de l'union locale CFDT de Fougères. Cet hôtel de granit du XVIIe siècle aurait été habité, avant la Révolution, par la comtesse de Marigny, soeur aînée de Chateaubriand, qui lui même, y trouva asile en 1789, comme en témoigne une plaque apposée sur la façade en 1923. C'est ici que l'abbé Bridel installa, à partir de 1913 ses syndicats chrétiens; là se tenaient les réunions des syndicalistes et des responsables de ses coopératives.

L'orphelinat St-Vincent de Paul se situait rue Lesueur ; quelques quatre-vingts jeunes garçons y étaient hébergés. Les plus grands fréquentaient l'école St-Léonard toute proche. Les orphelines étaient accueillies à la maison de la Providence tenue par les Dames de la Sagesse ; cependant, faute de locaux suffisants, le nombre de places était limité à trente-six dans ce dernier établissement.

En 1909, monsieur Sauvage, curé de St-Léonard, fait appel aux soeurs sécularisées de Rillé pour tenir l'école primaire St Joseph, rue Lesueur. La première directrice de 1909 à 1921 fut mademoiselle Lavolée à laquelle succéda mademoiselle Orhant.

Les élèves de cette promotion 1933-1934 de l'école St-Joseph préparaient le brevet élémentaire, formation dispensée depuis 1913 et qui permettait, à la sortie, d'avoir une place assurée. Au premier rang, au centre, la directrice, mademoiselle Orhant qui ouvrit, en 1932, un cours secondaire, et, remarquons, aussi, la présence de deux autres enseignantes A. Guittier et R. Péan.

La scène se passe dans la cours de l'école St Joseph lors de la fête de Noël en 1921. La jeune femme en noir, à gauche, madame Chapsal avait en charge le petit groupe. Le rôle du Père Noël était tenu par S. Lécrivain, figure bien connue des fougerais, qui exercera son métier d'infirmière à domicile jusqu'à près de soixante-dix ans.

Un de ces éphémères reposoirs, édifié rue Lesueur devant l'école St-Joseph de la Moussaye. On aurait dans l'instant, donné le Bon Dieu sans confession à tous ces petits anges.

Cet impressionnant corps de bâtiment était le collège municipal de Fougères. Il se situait à l'angle de la rue Rallier, façade de gauche, et de la rue Lesueur, grand bâtiment à droite. La construction des bâtiments neufs avait commencé en 1868, et les dernières grandes transformations dataient de 1897. Monsieur Bonnichon était le principal à la veille de la Grande Guerre. Il eut comme successeur monsieur Jarraud, dans les années 1920 ; tous deux étaient professeurs de mathématiques.

Avant 1914, environ cent trente-cinq élèves fréquentaient le collège municipal de Fougères. Les onze élèves de première et les huit de terminale, philosophie et mathématique, pouvaient espérer représenter la future élite de la ville. Le temps des études secondaires était encore bien loin d'être généralisé, surtout pour les filles! Parmi les glorieux anciens du collège, le futur académicien Jean Guéhenno qui le quitta, à quatorze ans, pour entrer à l'usine.

L'équipe du collège disputa, en 1910, un match important contre la formation normande de Pontorson. La formation fougeraise avait la composition suivante : Giron, Letréguilly, Lehérissé (futur maire d'Antrain), Laverdier, Perdriel, Colombel, Ameline, Seguin, Lehérissé, Gille, Wranglais. La correspondance de la carte-postale ne fournit pas le vainqueur de la rencontre, dommage!

A gauche la rue lesseur avant le bombardement du 9 juin 1944.

Le violent bombardement détruisit dans sa quasi-totalité les bâtiments du collège, à gauche, ainsi que du côté opposé, les vieilles maisons pittoresques si attachantes.

Vers 1895, l'hôtel St-Jacques, rue Porte-Roger et l'hôtel des Voyageurs, place Gambetta (notre photo), constituaient indéniablement les deux établissements les plus réputés de Fougères. Le personnel de ces maisons était quasiment immuable tels les frères Piron qui ne "rendirent leur tablier" qu'après trente-cinq ans de loyaux services. Les deux hôtels-restaurants rivalisaient tant sur la qualité du service que sur le plan culinaire. Mais en 1900, l'hôtel St-Jacques ferma ses portes et l'hôtel des Voyageurs sous l'impulsion de Rodier puis de Fichepoil tint "le haut du pavé" malgré la concurrence de la Boule d'or, boulevard de la gare, et du Cheval blanc, rue de la Forêt. Quelques années plus tard, l'hôtel Moderne et l'hôtel de la Gare complétèrent l'équipement hôtelier fougerais.

Dans ces différents hôtels, avant 1914, le déjeuner et le dîner "du jour" ne coûtaient respectivement que 2.25 F et 2.50 F (environ 45 F actuels). Le dimanche un menu soigné et copieux était proposé à 5 F. On pouvait aussi, bien sûr, boire une absinthe en parcourant le *Petit Fougerais* ou la *Chronique Républicaine* dans le hall de l'hôtel des Voyageurs. En ce début de siècle, le restaurant Guillaume, 4 rue des Prés, était, par ailleurs, recommandable.

Seuls les anciens fougerais peuvent s'y reconnaître, tant l'aspect de la place Gambetta a changé de nos jours. Lors de la reconstruction du centre de Fougères, après la guerre, on décida de percer un nouveau boulevard (dénommé boulevard Leclerc) reliant la place Carnot à la place Gambetta. Tous les immeubles situés, au premier plan, à gauche, sur ce cliché disparurent dans cette circonstance (à l'exception de l'hôtel des Voyageurs que l'on aperçoit, tronqué, à l'extrême gauche).

La perspective de la Place est inversée par rapport au cliché précédent. Arrêtons-nous quelques instants, à gauche, au café du Commerce, avant d'entreprendre notre "marche vers la forêt" par la rue du même nom (qui débute au fond à droite).

III

En route vers la forêt

Cette Grande Epicerie Parisienne était située à l'angle du boulevard de Rennes et de la rue de la Forêt. En 1914, ce commerce de vins, spiritueux en gros et d'épicerie appartenait à Francis Ealet, qui était un des cent abonnés, à l'époque, au téléphone!

Depuis 1950, la Cayenne de Fougères, lieu d'accueil des Compagnons du Devoir lors de leur tour de France, se trouve 18 bis rue des Prés. La première Mère de la Cayenne de Fougères sera, en 1899, madame Guéhenno. Les Compagnons tenaient alors leurs réunions dans une arrière salle du café qu'elle exploitait, rue de Bonabry.

En 1907, Le Bazar des Galeries Parisiennes, 41 et 43 rue de la Forêt, se trouvait entre la boucherie Lorin et la boulangerie Aubrée. Dans les années 1920, monsieur Pelchat-Esnoul reprit l'établissement.

Détruit lors du bombardement du 9 juin 1944, il fut reconstruit, du fait de l'élargissement de la rue, dans un nouvel alignement.

Cette propriété, située au 56 rue de la Forêt, appelée le Clos Morel était depuis le milieu du XIXe siècle la propriété de la famille Durand de la Beduaudière. Héritant du domaine familial, à la mort de son père, Albert Durand s'y installa définitivement à partir de 1903. Il délaissa une carrière prometteuse de peintre pour la photographie. Il réalisera 7000 à 8000 clichés sur plaques de verre se rapportant surtout au château de Fougères. Il chercha à préserver "l'aspect originel et pittoresque de la cité" et entreprit des campagnes de fouilles. Pendant quarante ans, sa silhouette attachante et pittoresque demeura familière aux Fougerais. Il sortait revêtu, le plus souvent, d'une peau de bique noire et ne se déplaçait qu'avec un énorme parapluie. Il mourut en 1943.

Préparatifs de Fête-Dieu, rue de la Fôret. Le café, à l'angle de la rue de la Caserne est un "vrai désert" pour un temps seulement. Sur les façades de ces maisons populaires était déployée une multitude de draps piqués de fleurs. Des guirlandes colorées étaient tendues d'un côté à l'autre de la rue de la Forêt, tout au long du trajet qu'empruntait la procession.

Les rues étaient, pour la circonstance, “agrémentées de bouleaux, recouvertes de sciure teintée et entrecoupées de belles rosaces fleuries à souhait”. Les reposoirs rivalisaient de splendeur.

A cette époque, bien des maisons de la pittoresque rue de la Forêt empiétaient sur le trottoir et même parfois sur la rue. Les passants étaient contraints de descendre sur le pavé. La largeur des trottoirs différait considérablement selon le côté de la rue. Les lieux ont bien changé depuis.

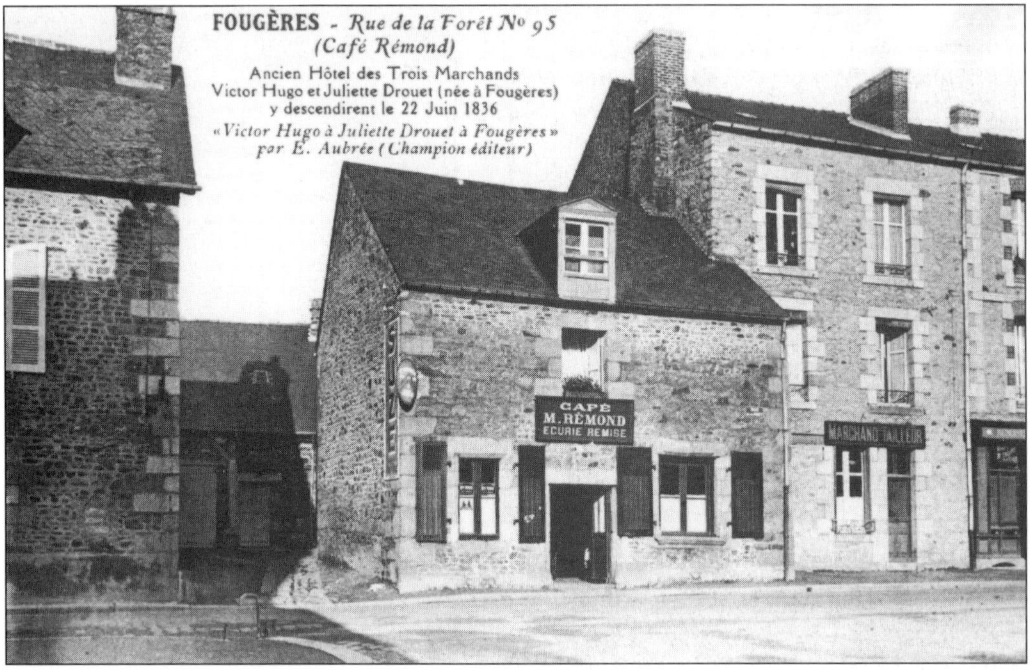

L'ancien café Rémond laissé à l'abandon et à l'affichage sauvage sera démoli dans les années 1980. C'est dans cet endroit alors hôtel des Trois Marchands que Victor Hugo et son égérie Juliette Drouet séjournèrent lors de leur passage à Fougères en juin 1836. La récente construction d'une voie reliant la rue de la Forêt à la rue de la Caserne a entraîné également la démolition des autres maisons voisines, figurant à gauche et à droite sur ce cliché.

Une grande cavalcade fleurie se déploya dans les rues le dimanche 23 juin 1934 ; elle se composait de vingt-neuf chars rivalisant d'ingéniosité. Les habitants des différents quartiers avaient, ainsi, leur char, mais c'était aussi le cas des syndicats professionnels et d'un certain nombre de sociétés telle la Société d'Horticulture, la Société de Chasse ou la Société Colombophile. On voit ici le char 22 dénommé "la mairie de Bonabry et sa Marianne".

Le syndicat des fabricants de chaussures avait fait réaliser le char 15 représentant "le château de Fougères".

L'ancien couvent des religieuses Clarisses-Urbanistes, fondé en 1689 avait été transformé en caserne ; il hébergea, ainsi, de 1875 à 1920, le dixième escadron du train des équipages, puis jusqu'en 1940, des gardes mobiles. Après guerre, on y loge des nécessiteux puis il est progressivement abandonné. En 1962, l'office d'HLM qui en est devenu propriétaire envisage sa démolition afin d'intégrer le terrain dans son programme de construction. Finalement, on construira une centaines de logements HLM (qui devraient d'ailleurs disparaître) mais sans, fort heureusement, toucher au couvent.

Grâce au classement de l'édifice, obtenu non sans mal, en 1965, on put sauver les Urbanistes. La ville de Fougères s'engagea, en 1973, dans un ambitieux programme de réhabilitation qui, à partir d'un devis initial de 1.3 million de francs devait coûter, finalement, plus de 7 millions, mais qui pour une fois, fit l'unanimité au sein de la population. Les "trainglots" qui en 1905 posent, décontractés, pour ce document, n'en croiraient sans doute pas leurs yeux.

"La grande foire de l'Angevine, installée sur le Champ de Foire, avait lieu le mardi suivant le 1er septembre et durait deux jours et, si le second jour était férié, continuait le jour suivant. Les manèges, les cirques, les ménageries avaient une place de choix. La parade se déroulait à coup de tambours ou de trombones ; défilaient alors les premières écuyères du cirque, l'inimitable dompteur au poitrail constellé d'une rutilante bimbeloterie, la femme-canon. Fascinés par le spectacle, petits et grands suivaient la foule et finissaient par entrer, impatients de voir la représentation donnée pour la première fois dans cette ville".

Quand on vendait une bête on lui donnait un coup de bâton sur l'échine, puis, on frappait dans la main de l'acquéreur, paume sur paume, de façon que cela claque, en disant : "Elle est vendue!" et, selon H.F. Buffet, on vous donnait un sou de plus, pour la chance !

Autrefois, selon Dagnet, *Au Pays Fougerais*, alors que "beuglaient boeufs et paysans", on provoquait une grande panique, très dangereuse, en jetant en grande quantité la poussière du champignon "vesse de loup". Cependant, aujourd'hui, il n'y a plus ni loups, ni vesses! Aussi, dans la sérénité retrouvée, Fougères devint peu à peu, un des plus importants marchés aux bovins d'Europe.

Le modeste débit de boissons Hédou était situé rue de la forêt, quartier populaire. C'est dans ce genre d'endroit que l'ouvrier qui travaillait douze heures par jour, avec trois petites coupures, et cela du lundi au samedi faisait quelques visites journalières. A 8 heures, on mangeait la gamelle de soupe chaude en l'arrosant de la "petite bolée". A la pause du midi, les tasses fumantes et autant de petits verres les attendaient bien alignés sur les tables. On comprend mieux l'importance de ces cafés et pourquoi ils étaient aussi nombreux, malheureusement, certains fréquentaient abusivement ces établissements : l'alcoolisme était alors, à Fougères, comme dans bien d'autres lieux en Bretagne, un véritable fléau.

Cette photographie a été prise en 1906 rue de la forêt, à l'intersection des rues Beaumanoir et Balzac. Les ouvriers grévistes chargés de la corvée de bois destiné aux soupes communistes, Rue C. Malard, reviennent, comme chaque jour, de la forêt avec leur lourd chargement tiré à bras d'hommes.

Ce cortège pénètre, au printemps 1901, à l'intérieur de l'Hôtel-Dieu, desservi par les soeurs Augustines du Sacré-Coeur, pour une cérémonie religieuse. Depuis octobre 1896, l'Hôtel-Dieu rue de la forêt, dépendait de la nouvelle paroisse de Bonabry.

L'Hôtel-Dieu, dans les faubourgs de la ville, était réservé, alors, aux malades indigents de l'arrondissement de Fougères. Jean Guéhenno raconte dans *Changer la Vie* la pseudo vente par ses parents d'un jardin familial à une tante car, "selon les règlements municipaux, un propriétaire ne pouvait être soigné gratuitement à l'hôpital".

La construction de la maternité, à droite, est postérieure à celle de l'Hôtel Dieu. Vincent Odorico réalisa cet édifice en 1904. Quelques maisons, plus loin, au 150, était l'octroi "terminus de la rue de la forêt" et l'entrée dans Laignelet. Se profilait alors la perspective riante d'un long boulevard bordé des deux côtés de somptueux chênes d'Amérique. Avant 1900, jusqu'à la Verrerie, hormis quelques auberges, existaient peu de maisons d'habitation, mais "des jardins, des prairies, des terrains de culture" s'étendaient à perte de vue.

Cette photographie du personnel hospitalier, prise entre les deux guerres, nous replonge aux temps héroïques de la médecine à Fougères. A cette époque, en cas de complications lors d'un accouchement, "il fallait transporter la femme en brancard et en ambulance, souvent en pleine nuit, dans le service chirurgie de l'hôpital". Cette "dichotomie" des bâtiments, l'hôpital d'un côté de la rue, la maternité de l'autre, persistera jusqu'à la construction d'une nouvelle maternité en mars 1961.

Le café Perrin se situait dans le quartier des Cotterets rue Marmenas (actuellement 5 rue L.Bourdon) ; à cette époque, vers 1914, la rue ne comportait pas de numéros. On voit sur ce cliché Anastasie Perrin et sa fille, Jeanne. Le patron, Jean Perrin, exerçait le métier de menuisier-ébéniste.

La dernière fête des Cotterets se déroula les 12 et 13 juillet 1947. Les festivités débutèrent le samedi à 20 heures par une retraite aux flambeaux, suivie de bals publics. En cette occasion, l'avenue de la Verrerie était, d'un bout à l'autre, décorée et illuminée. Le lendemain, à partir de 15 heures, eut lieu la cavalcade avec le concours de musiciens de l'Harmonie Fougeraise. La photographie présente un groupe costumé en gitans qui accompagnait le char du cirque Molière, au départ de la fête, rue Bourdon. Le montreur d'ours tient en laisse, à gauche, monsieur Chesnais, dont l'accoutrement remporta un vif succès.

Le "char de charbonniers" rappelle, avec humour, les problèmes d'approvisionnements et de rationnement de l'occupation et de l'après-guerre. Les jeunes générations n'ont connu ni les files d'attentes, ni l'instauration du système de tickets : lettre "E" pour les enfants, "J" pour les jeunes, jusqu'à "V" pour les plus âgés. Il en fallait pour tout et pour tous mais le système D était souvent le plus efficace!

Un groupe de la "chasse à courre", avec sa meute, participait au défilé, où se faisait admirer une gracieuse amazone, mademoiselle Simon. Monté sur le char, on remarquait, à droite, la présence en tenue de chasse, du boulanger des Cotterets, Frédéric Bachelier, et, parmi d'autres, de "l'homme à la cage", Jean Tijon. Un des chars évoquait "l'annexion" des Cotterets. Elle se produira un peu plus tard par le décret du 18 mars 1953 qui permit l'extension de la commune de Fougères, par absorption des faubourgs situés sur les communes de Beaucé, de Lécousse et de Laignelet. L'annexion des Cotterets et de la Verrerie, fraction du territoire de Laignelet, étendait "les limites de la ville jusqu'aux lisières de la forêt" ; étaient rattaché aussi, entre autres, la Fontaine, La Chèze Robinson et une partie du Guélandry.

En plus des six chars de la fête, avaient également pris place, dans le cortège, une noce bretonne et de nombreux véhicules fleuris. L'homme élégant, à gauche, habitait "Ma Campagne" et s'appelait monsieur Sourdin. Les participants et les spectateurs de la fête n'avaient d'yeux ce jour-là que pour mademoiselle Tiercelin, reine des Cotterets et pour ses deux demoiselles d'honneur : mesdemoiselles Blin et Martinet, cendrillons d'un jour!

Cette boulangerie des Cotterets "Bachelier-Eon" se trouvait déjà à l'emplacement de l'actuelle boulangerie-pâtisserie Lemoine, avenue de la Verrerie. Pendant le conflit mondial, le beau-père Eon, retrouva son fournil et remit la main à la pâte en l'absence de son gendre , Frédéric Bachelier. Avant 1914, il fournissait en exclusivité le pain à la Verrerie de Laignelet. La tradition boulangère se perpétua dans la famille Bachelier à Fougères avec Louis Bachelier, qui figure, enfant, sur cette photographie, à droite.

Une vue du quartier des Cotterets, prise vers 1910, au niveau du n°82 actuel. Un groupe d'élèves, apparemment de l'école de Bonabry et accompagné par un frère, se rend en forêt de Fougères. La chaussée était encore clairsemée d'ornières ; on devine au loin les faubourgs de la ville.

Cette "chaussure artistique et merveilleuse" était sculptée, en relief, claque et talonnet cuir, ornée de fleurs fines avec feuillage. Elle fut fabriquée par Ferdinand Gilles, cordonnier aux Cotterets, à "Ma campagne". Ce lieu-dit était constitué d'un pâté de maisons situé en face de l'école communale.

La majorité des habitants des Cotterets souhaitaient, depuis longtemps, le rattachement à Fougères parce que cela signifiait une meilleure qualité de vie au quotidien : eau courante, tout à l'égout, etc. Il fallait aussi reconstruire une ville sinistrée à 85%. Les logements de type H.L.M permettaient de faire face à la pénurie, à l'inconfort et au surpeuplement des logements à Fougères. Dans ce quartier, on note la création de la ZUP des Cotterets à partir de 1968, et de la ZAC de la Forairie en 1976. Le paysage urbain a donc beaucoup changé mais le café est toujours là, un sympathique café PMU de surcroît.

Une vue d'ensemble des Verreries de Laignelet à travers le prisme déformant et grossissant de la publicité. Les Verreries constituaient une cité ouvrière qui s'apparentait au modèle des cités minières du Nord. La fabrique employait environ trois cents ouvriers qui vivaient en autarcie. Hommes, femmes, enfants pouvaient se loger, s'alimenter et se divertir sur place. "On peut vivre toute une longue vie sans sortir des Verreries de Laignelet" écrivait en 1915, Victor Lemoine, beau-père du directeur, Henri Chupin. Le "maître de Verrerie" incarnait l'une des tendances du catholicisme social de l'époque emprunt de paternalisme. L'ambition est "l'épanouissement physique et moral, le bien-être matériel de l'homme par le monde de l'entreprise et du travail". Les moins attentionnés y verraient le souci de façonner la "condition du salarié et de sa famille de la naissance à la mort".

Ces logements "modernes" sur le bord de la route nationale, se trouvaient à proximité de l'usine, à droite. Ils se composaient de deux pièces : cuisine au rez-de-chaussée, chambre à l'étage et comprenaient cave et jardin potager. Il y avait également d'autres habitations d'une seule pièce, côté forêt. Une partie importante du personnel de la Verrerie était logé, à l'époque, par le patron, moyennant une redevance. Actuellement plusieurs de ces maisons sont à l'abandon : "le grand rêve de la société idéale imaginée par Henri Chupin avait échoué".

Sur les marches de l'escalier, posent parmi cette trentaine d'ouvriers, de nombreux jeunes enfants. La fabrique compta jusqu'à soixante apprentis, appelés les "cueilleurs de verre". Ils étaient âgés de treize à vingt-et-un ans. Il faut signaler que ceux-ci ne suivront pas, en 1921, le mouvement de grève. L'emprise morale et patronale n'y est pas étrangère!

Au magasin de la Verrerie, les femmes "empaillaient les verres" puis les empaquetaient dans des caisses de bois destinées à l'expédition.

Le verre est obtenu par fusion de la silice, constituant de base, aux environs de 1500 C°. A Laignelet, la fusion était réalisée dans l'un des douze creusets du four qui occupait le centre de la halle de fabrication. Sur la photographie, l'ouvrier enfourne à l'aide d'une pelle "le pot" en terre réfractaire. Une "bonne pâte" exigeait, au moins, une demi-journée de fusion.

L'ouvrier, assis au centre, s'appelle Alexandre Bachelier. Il tient dans sa main gauche "la boule de verre", ou paraison, au bout d'une canne d'environ 1,20 mètre de long. Un apprenti, "cueilleur de verre", apporte la pâte au poseur.

La masse en fusion se refroidit progressivement et se travaille aux environs de 850 C° ; elle est alors retirée du four à l'aide de longues cannes. Les objets de forme sont soufflés dans des moules. Le recuit donne au verre le degré de résistance voulu. Le façonnage de la verrerie ne permettait ni tâtonnement, ni reprise. Le métier de verrier, particulièrement éprouvant, demandait une grande habileté.

Les loisirs du personnel sont organisés. A partir de 1899, se créent une bibliothèque, une troupe théâtrale, une fanfare et une société de gymnastique appelée La Patrie. On peut remarquer, à droite et à gauche, la présence d'armes, encadrant les tambours et les trompettes. En fait, la gymnastique et le tir constituaient deux disciplines complémentaires paramilitaires.

Les sociétaires les plus fervents allaient jusqu'à se réunir trois fois par semaine. Les entraînements, faute de salle de sport, se déroulaient sans doute en plein air, dans la forêt voisine, sous la conduite d'un moniteur. En ces années 1900, étaient organisés, très régulièrement, des concours de gymnastique et de tir.

Cette photographie, prise vers 1908, représente un banquet aux verreries de Laignelet. Chaque année, sont organisées des kermesses champêtres qui commencent par une messe. On célèbre le jour de la St-Laurent, patron des verreries, et la fête nationale peut se confondre avec la fête de monsieur Henry (le 13 juillet). Tous les ans, les ouvriers ont l'habitude de se rendre en pèlerinage à Pontmain, distant d'une vingtaine de kilomètres.

La fête de la verrerie se déroulait, chaque année, le jeudi de l'Ascension. Tout au long de la route, qui menait à la forêt, étaient dressées des baraques foraines. Les chants se mêlaient aux rires, le cidre coulait à flot...

Une foule bon enfant participait à cette kermesse annuelle organisée en forêt de Fougères. La musique faisait tourner les têtes, les couples de danseurs se formaient. Tout le monde chantait. Le retour vers l'avenue de la verrerie, tard dans la soirée, n'engendrait pas la mélancolie!

Bien que fortement ébranlée par le très dur conflit de 1921, la verrerie continua ses activités entre les deux guerres. La participation aux grandes foires-expositions régionales était indispensable pour mieux faire connaître les produits.

Il s'agit d'un carton publicitaire, datant des années 1920. A droite, le texte indique la raison sociale de l'entreprise et ses spécialités. A gauche, deux dessins restituent l'éventail de la gamme et l'organisation du travail autour du four de l'usine. Celle-ci fabriquait et vendait des objets en verre les plus divers : des classiques verres à pied, carafes flacons, vases, aux plus curieux telles les bouteilles à allaiter. Leur diffusion était nationale.

De l'ancien couvent des Cordeliers de St-François, fondé au XVe siècle, les bâtiments figurant sur ce cliché, sont beaucoup plus tardifs, il ne subsiste rien aujourd'hui. Selon la légende, un trésor serait enfoui à proximité des ruines.

Les années ont passé... Les charretiers avec "leurs diables" tirés par des chevaux ont laissé place à des chauffeurs au volant d'imposants camions. L'entreprise Lebossé, route de St-James faisait le négoce du bois et du charbon. A gauche, le chauffeur s'appelle Félix Betton et son équipier, René Garnier.

Après avoir dépassé la verrerie, la nationale de Fougères à Caen s'enfonce dans la forêt domaniale de Fougères que Balzac, entre autres, immortalisa dans son roman *Les Chouans* ; elle s'étendait, jadis, jusqu'à Louvigné-du-Désert. A la fin du siècle dernier, les bois de haute futaie couvraient encore 1800 hectares parsemés d'étangs et dissimulant, ça et là, des vestiges historiques, certains datant des années les plus reculées.

Pendant la période d'été, plus d'une centaine de sabotiers se répandaient dans la forêt au gré des coupes. Ils s'installaient, avec leur famille, dans des cabanes rudimentaires faites de planches mal équarries et couvertes de bruyères ou de chaume ; dans le meilleur des cas, un appenti servait à entreposer les paires de sabots terminées et les outils bien huilés.

La famille vivait dans la pièce principale, des plus rudimentaires, dénommée loge. Des billes de bois servaient de table et de sièges, et, un trou percé dans le toit constituait une cheminée naturelle permettant d'évacuer la fumée du foyer. De simples ballots de paille, voire un rudimentaire lit de feuilles servait de couchettes. La journée de travail était longue, dix à douze heures, mais elle s'effectuait dans la bonne humeur.

L'auberge du père Tacot. Tout le monde se connaissait et beaucoup se retrouvaient le dimanche et les jours de fêtes dans de modestes estaminets tenus le plus souvent par des sabotiers tel le père Tacot, Fauvel de son vrai nom, le plus célèbre des cabaretiers des lieux.

Un vieux sabotier sciant un tronc d'arbre. La division du travail était très réglementée au sein de la famille. Les anciens avaient, souvent, pour tâche de sélectionner les billes de hêtre, ce qui n'est pas aussi simple qu'il paraît, ce bois ayant une tendance à vriller. Parfois, on les chargeait, également, du débitage qu'ils effectuaient sur place, en position accroupie, à l'aide d'une scie hachoir.

Le premier travail consistait, à l'aide d'une hachette, à débiter les billots en bûches, de la taille approximative du futur sabot ; puis, à l'aide d'un paroir, sorte de long couteau recourbé, on ébauchait la forme du sabot. Cette opération demandait un certain tour de main.

Voici notre cabaretier au travail ; il a pris la suite du pareur et va maintenant creuser le sabot avec une tarière, sorte de grande vrille. Il faut procéder avec doigté pour ne pas fendre le bois. Il restera ensuite à assurer la finition de la forme à l'aide d'une gouge et de râpes, travail souvent confié à la femme et aux enfants. Enfin, le sabot sera vernis et on y fixera, le cas échéant, une bride.

Un sabotier expérimenté réalise, au mieux, cinq paires par jour ; une famille de trois personnes, bien entraînée, dépassera, sans doute, quatre-vingts paires dans sa semaine. Quinze ans plus tard, une machine effectuera la même performance quotidiennement. En 1920, 80% des sabotiers itinérants auront disparus. Les différentes phases de fabrication sont résumées sur ce cliché. A cette époque, le sabotier fougerais s'occupe directement de la vente de sa production, soit dans de nombreuses foires et marchés, soit en passant par l'intermédiaire d'un petit boutiquier ayant pignon sur rue. Cependant dès 1914, les sabotiers furent de plus en plus souvent sollicités par des grossistes, qui imposérent des conditions de plus en plus draconiennes.

Dans la nuit du 19 mars 1793, 7000 hommes revoltés par la levée en masse decretée par la convention, se rassemblèrent devant la croix de Recouvrance, proche de Landéan, avant de marcher sur Fougères.

Les celliers de Landéan, grandes caves voûtées du XIIe siècle, fascinent les archéologues depuis des décennies. Encore aujourd'hui, ils en ignorent l'usage véritable. Affectons de croire la légende, selon laquelle ils seraient reliés par un souterrain au château de Fougères, cela constituant un moyen commode de revenir à notre point de départ.